流年流水橋自橫

一卷不是詩人的詩

增訂再版

卓人 著

文 史 哲 詩 叢

文史哲出版社印行

國家圖書館出版品預行編目資料

流年流水橋自橫：一卷不是詩人的詩 ／
卓人著. -- 增訂再版. -- 臺北市：文史哲
出版社,民 110.11
　　頁；　　公分（文史哲詩叢；154）
　　ISBN 978-986-314-457-1（平裝）

863.51　　　　　　　　　　110018210

文 史 哲 詩 叢　154

流年流水橋自橫
一卷不是詩人的詩

著　　者：卓　　　　　　　　　人
出 版 者：文　史　哲　出　版　社
　　　　　http://www.lapen.com.tw
　　　　　e-mail：lapen@ms74.hinet.net
登記證字號：行政院新聞局版臺業字五三三七號
發 行 人：彭　　　　正　　　　雄
發 行 所：文　史　哲　出　版　社
印 刷 者：文　史　哲　出　版　社
臺北市羅斯福路一段七十二巷四號
郵政劃撥帳號：一六一八〇一七五
電話 886-2-23511028・傳真 886-2-23965656

實價新臺幣五二〇元

二〇二一年（民國一一〇）十一月增訂再版

自 序

筆者不是詩人，也沒學過做詩。唸完大學橫越太平洋之後，數十年間學術性的專著倒寫了不少，也曾和同事合寫過一本教科書，但是這些用的都是英文，中文的寫作絕無僅有。記得出國後還沒幾年，偶爾寫封中文信便已頗有文不達意之感，不要說是詩了。

寫中文詩，可說是和幾個少時好友開玩笑開出來的。八十年代，出國已經廿多年了，老友們都已進入中年，但是兒女雖已成長，為父者卻依然童心未泯。學術研究本是逆水行舟的事，美國的科學界競爭尤烈，老友間偶得浮生片刻，寫幾行彼此取笑取笑以博一粲，倒也頗收調濟之效。漢時司馬遷說孔子修訂《詩經》十刪其九，後人以為夫子不至於如此嚴峻，但是筆者這些謔而不虐之作，卻已十九刪除，僅在《戲筆》一章裏留了十一首。

筆者在寫這些《戲筆》之前，只偶有數行抒情述懷，其後就寫得比較多些。只是數十年學海生涯，很少大風大浪，雖也不免偶有感觸，究竟是日子恬靜，所寫的多是日常雜筆，旅途所見一類，當不得真。到了退休居家之後，檢視舊作，選了八十多首，《戲筆》之外，分列在《偶筆》、《友朋》、《感時》、《惜年》、《念》、《旅途》和《子衿》七章。

有些睹景而寫的，也附了照片。集而成冊，無非是便於偶在
酒餘茶後提醒自己當時的心情。若能得一、二佳友，甚或是
未曾見過面的讀者分享感受，則更復何求？

　　往昔讀詩，讚賞許多古詩意境高雅俊逸而文字千錘百鍊
之餘，也不免覺得古時的詩人，尤其是較後期的詩人，往往
太把寫詩當回大事。字字推敲，翻韻書，排平仄，未免太辛
苦些，有失「情動於中而形於言」之意。筆者既然坦承不是
詩人，一切規矩，也就馬馬虎虎了，得請方家包涵包涵。

　　這一卷定名《流年流水橋自橫》，取自「金門橋二首」
裏的一句。筆者和金門橋同年，每訪長橋，總不免有些感嘆。
以這一句為卷名，大概也是因為筆者和此橋有些緣分罷。有
好幾首詩裏面原來有朋友們的名字，定稿時決定隱去。只是
「見一爪而知獅」（tanquam ex ungue leonem），名氣太大
的朋友們，就只好抱歉了。

卓　人

2013 年 6 月於美西華盛頓湖東 Bellevue 城

增訂版序

　　去歲初閱《流年流水橋自橫》全冊，當時便有意在修訂或加印時添入初版時漏掉的幾首。匆匆又是一年，心想在這電腦排版的時代，乾脆一不做二不休，一次加了二十來首，包括一些近作。原有的八十幾首，在增訂版裏很少更動，其中大概只有作者才知道詩意的一首，順便略去。「清水溪」一詩原有兩張附照，也刪去了一張。

卓　人　2014 年

4　流年流水橋自橫

增訂再版序

　　自從增訂版刊行以來，不覺七載。世事多變，但年事既高，老友漸少，難得訪友旅遊。家居懶散，鮮少寫作，檢視這幾年積下的紙紙片片，卻又不忍付之一炬。心想還是收入《流年流水橋自橫》罷，也留得幾絲回憶。

　　　　　　卓　人
　　　　2021 年 10 月於美西華盛頓湖東 Bellevue 城

6　流年流水橋自橫

流年流水橋自橫

一卷不是詩人的詩

目　　次

偶　　筆

（卅七首）

雪　山

群丘添新綠，
君猶惜舊襦。
頂破烏雲幔，
身展玉珊瑚。
滄海浪已遠，
嶙峋骨未枯。
何日逢知己，
相對兩不孤（註）。

1999 年夏於加拿大西部

註：李白《獨坐敬亭山》：「相看兩不厭，只有敬亭山。」

秋夜憶童年

蟋蟀曷入室，
瞿瞿鳴一隅。
流年隨心潮，
倒迴五十餘。

1999 年 9 月

網　　路

關山重洋再無阻，
電纜微波激光纖（註一）。
十指連心鍵盤上，
雙眼穿山銀幕前。
網路易行仟萬點，
靈犀難得一線牽（註二）。
古往今來多少事，
儘在虛無縹緲間（註三）。

2006 年 1 月

註一：激光纖，fiber optics。
註二：唐・李商隱《無題》：「心有靈犀一點通。」
註三：虛無縹緲間，cyberspace。

閑

又是下霜季節，
秋林紅潮早歇，雲低離雁不見。
外婆看外孫去也，
酒濃杯深酌淺，屋靜書亂人倦。

1997 年 10 月於 Lexington, Massachusetts

窗　南

窗南遠山高接天，
雲來雲去變萬千。
山間積得幾多雪，
人世已是一萬年。

2005 年秋於 Bellevue, Washington

秋　霧

溟濛繚繞山半隱，
輕紗薄縵漫寒林。
登高應知弗逗留，
淒迷一片最傷情。

2005 年 11 月

溟濛繚繞山半隱
輕紗薄縵漫寒林

將　　雨

濃雲驟起天欲沉，
長灘寂寂無遊人。
海天邊涯一過客，
獨聽新浪洗舊塵。

2009 年 6 月於澎湖

大相撲
（東京機場偶筆）

君子不重則不威（註），
八步圈內爭榮輝。
奮起雙臂千鈞力，
一年辛勞看此回。

2006 年 2 月

註：相撲，sumo 摔角。角力士出圈者為敗。「君子不重則不
　　威」，借《論語學而篇》句。重原指莊重，此處則兼指
　　相撲手之體碩身重。

巨木夜傾

狂飆吹滅萬家燈，
雨急夢短長夜冷。
可憐後山百年樹，
再難展枝效龍騰。

2006 年 12 月

曇　花

人謂孤高不識春，
紅塵知己能幾人？
平生不耐蜂蝶擾，
含苞凝祕待夜深。

2013 年 10 月

憐　櫻

殘葉早謝春無影，
紅艷初露霜雪侵。
世間冷暖尋常事，
衰翁何必傷閑情。

2008 年 5 月

櫻

元宵驚蟄細雨中，　　曉寒深沉浸華容。
赧顏往年也曾見，　　花信明歲期相逢。
枝頭孤芳流年夢，　　萼底珠淚暮天虹。
丹葉漸多日漸長，　　片片落英舞春風。

2007 年 3 月

赧顏往年也曾見
花信明歲期相逢

友人電告瓊香盈屋，匆草數行以答

此處無曇瓊，
唯多映山紅（註）。
馨香縱不如，
歲歲迎春風。

2013 年 9 月

註：映山紅（rhododendron），亦稱山杜鵑。

乙未七夕曇花初現

婷婷盆中栽，默默逾三載。
徐徐葉邊出，悠悠蘭夜（註）開。
馨香遍四周，玉容霜雪皚。
既得敞心扉，去時何須催。

2015 年

註：古以七月為蘭月，故七夕亦稱蘭夜。

殘　　荷

花葉早落盡，
顧影猶自傷。
只為荷囊重，
折莖水中央。

2011 年 12 月於台灣南投

雲　帆

山雨迎得暮天虹，
風送雲帆過長空。
靜看風雲天際會，
心隨浮雲萬里東。

2013 年 6 月於 Bellevue

丙戌暮春出遊，遵友囑記詩存念

山上春來遲，高木徒怨風。
花散雜草間，人在細雨中。
舊友白首聚，新交萍水逢。
既有同遊緣，何愁各西東？

2006 年 5 月

花散雜草間
人在細雨中

雨　後

山雨去也速，簷霤猶汩汩。
雲開湧冷月，霧起漫低谷。
明珠葉下懸，薄霜草上覆。
臨窗七旬翁，心閒萬事足。

2006 年 11 月

學　詩

友朋笑我癡，七十猶學詩。
無意名山事，不求紅塵資。
孤月弄影夜，秋山帶霧時。
偶得三兩行，雖老未為遲。

2006 年 11 月

秋　山

又是秋山帶霧時，
遙夜漫漫晝光遲。
莫嘆黃葉日日少，
來春新綠上高枝。

2016 年 10 月底於 Bellevue 山居

Skagit Valley 鬱金香

黛山蒼松暗雲天，
一畝春色半畝田。
難得輕風解花意，
搖紅曳紫教君憐。

2007 年 4 月

窗

從這小小的窗口，
看那變幻的蒼穹。
即便是陰雨溟濛，
也應知道，
低雲上晴空無窮。

2008 年 11 月

雨

清曉寒霧起，
四顧無春跡。
忽見池水上，
滴滴泛新碧。

2011 年 4 月

冰　山 _{（註）}

往昔頂覆洪荒天，崩落流離幾多年？
晶瑩泛碧波上立，玲瓏生輝月下眠。
回思前身本是水，望眼來日也如煙。
飄零日久身漸瘦，絲絲冰魂入海淵。

2013 年 10 月

註：昔於 Alaska 首見浮冰。近觀舊照，念及 Titanic 號沉沒已
　　逾百載。

彩虹橋

細雨未消落照紅，
長橋陡起蒼穹東。
人世陰晴本無常，
更況皓首一衰翁。

2013 年 4 月

虹

清風送山雨，
殘珠凝彩虹。
且趁夕陽好，
躡虹越長空。

2007 年 7 月

晨　　星（註）

歲歲月月繞日行，
平明清輝透東檻。
孤逸應是在此刻，
眾星皆隱君獨明。

2014 年 1 月

註：晨星，指現於清晨東方之金星。金星環日軌道在地軌內
　　側而二者週期有異，故金星有時先日而出，現於東方，
　　稱晨星（古稱啟明星），有時則後日而落，現於黃昏西
　　天，稱昏星（古稱長庚星）。

晨星曉月

天地分際一抹红，
啟明高懸待玉弓（註）。
眾星已隱天將明，
難得此刻共時空。

2019 年 1 月

註：啓明，日出前現於東方之金星古稱啓明（日落後現於西方
　　則稱長庚）。
　　玉弓，指弦月。唐李賀：「曉月當簾挂玉弓。」

送　女

昔在懷中抱，
今穿嫁衣裳。
望眼新人遠，
回首雙影長。

1987 年夏

寒　流

日照昏昏風肅肅，
行人道上薄霜覆。
可憐後庭映山紅（註），
葉捲晨寒細如竹。

2014 年 2 月

註：映山紅（rhododendron）寒時葉瓣蜷縮成卷。

山居春來

蓮步輕過櫻花開，
斜曳長裙上坡來。
高處枝梢猶未覺，
新綠已透樹下苔。

2014 年 3 月　於 Bellevue

山居孟夏

杜鵑花落春去時，
櫻桃初紅鴉已知。
難得遠山（註）多情意，
猶是往歲冰雪姿。

2019 年 6 月　Bellevue，Washington。

註：遠山，指窗南約八十哩外之 Mt. Rainier，山頂終年積雪。

山居閑筆

臨窗方覺秋已深，
一抹寒霧掩疏林。
回看新栽水仙花，
猶自盛放傾春心。

2015 年 11 月

冬晨枝上的雨珠

今朝清朗昨宵雨，
枝上珠光千百縷。
且得煦照片刻暖，
身瘦魂飛無怨語。

2018 年 1 月

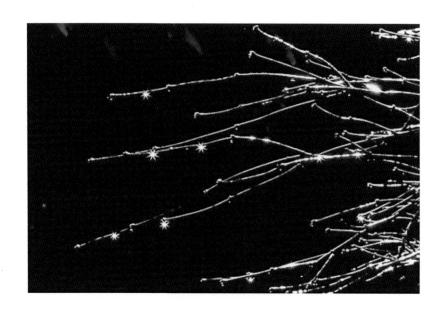

白　　鷺

白鷺臨芙蕖，
非慕玉蓮開。
荷下雲影動（註），
疑有游魚來。

台灣埔里 2011 年 12 月攝
Bellevue, Washington 2016 年 11 月文

註：宋・劉光祖：《洞仙歌・荷花》：「雲藻亂，葉底游魚動影。」
　　唐・李益：「開門復動竹，疑是故人來。」

松

根深柢固孤直幹，
黛葉蒼蒼長相伴。
不羨春暖花開時（註），
寧負歲寒對霄漢。

2019 年 2 月

註：北宋・宋祁 "綠楊煙外曉寒輕，紅杏枝頭春意鬧。"

鄰院有蘋（三首）

一、

鄰院有蘋，蔚蔚其華。
蘋送平意，散入吾家。

二、

鄰院有蘋，累累其實。
夏去秋遲，懸枝待時。

三、

鄰院有蘋，濯濯其枝。
鄰舍窵窵，蘋熟自落。

2016 年 11 月於 Bellevue, Washington

友　朋

（七首）

年初大雪懷加南老友

猶憶去冬在君家，
輕搖櫻枝一地花。
波城（註）孟春寒意重，
新雪壓斷老枝枒。

2001 年 2 月

註：波城，Boston。

讀遠友“秋山又幾重”有感

屢年難一見，
覆卷感倍深。
雲山縱萬里，
此地有故人。

2000 年 10 月

雲山縱萬里
此地有故人

遠　　友

窗南不見山，
山自在雲間。
雲山萬里外，
故人猶清健？

2006 年秋

答老友邀遊函

怕你們挂心，
趕快提起筆來寫信。
少時的豪情，
幾十年來多已消盡；
失去的孩意，
如今又那兒去尋？
只是還朦朦地記得，
露營碧潭（註）時的水涼，
遠足烏來（註）時的風清。
那經年碌碌的老懷，
又何不去輕他一輕？

1985 年 1 月

註：碧潭、烏來均為台北附近遊覽地。

中學畢業 48 年後重聚於新英倫

天涯海角聚也難，
且喜今朝共笑談。
莫忘少時荒唐事，
放蕩童心大自然。

2003 年夏

兩老友

少時同窗白首聚，
欲話當年無頭緒。
君猶汲汲天國事，
我已心寄雲深處。
世事飄渺蒼穹遠，
醉淺那堪論來去？
明朝縱無山千重，
今夜話題難再續。

2003 年夏

作客老友別居

築廬山間林深處，
長窗勾出靖節（註一）詩。
白霧悠悠沉低谷，
綠衣（註二）斑斑上高枝。
燈下華髮話舊事，
杯中佳釀邀暇思。
忽忽又是歸去日，
鐵門勿忘曾相識。

2005 年於加州 Sonoma

註一：靖節，後人稱東晉詩人陶淵明為靖節先生或靖節徵士。
註二：衣，地衣（lichen），藻菌共生生物。

戲　筆

（十一首）

焚臂記

　　有老友者，談吐行動，徐而不疾。一日天寒而暖氣爐內火種熄滅，乃奮然出臂點之。轟然一聲，縮手不及，遂烹右臂。思之有日，頓悟若先轉低室溫調控器，則可先點火種而後引發燃爐也。適妻歸，但覺寒意侵骨。視室溫調控器，則定溫甚低。嘆良人何節儉如此！乃轉高之。而良人不察，猶自引臂入爐，遂烹左臂。噫！余老友不少，老友糊塗事尤多，然先後焚二臂者，未之聞也。是不可不記也。因歌曰：

　　　本是蓬萊糊塗仙，
　　　銀漢迷途下凡間。
　　　平生不識烟火事，
　　　偏效文君弄鐵鉗。
　　　首度當爐右手烹，
　　　再作馮婦左臂煎。
　　　龍宮蝦將雙螯舉，
　　　惜無方家留丹鉛！

1985 年春

慶老友結褵 26 年以往事戲之

俩小就有猜！
一個墻裡待，
一個墻外抓蟋蟀，
只有大人面前裝獸。

日月真難耐！
一個國內挨，
一個國外叫快來，
就怕月老背後撤賴！

1987 年 8 月

加南地震後寄地震專家老友

窮算猛測三十年，
而今地震到門前！
一車儀器有何用？
明朝廟裡抽個籤！

1991 年夏

與老友同客旅舍，得識文壇呼聲

夢裡醉臥一扁舟，
隔岸獅虎吼不休。
夢舟無纜焉能解？
姑待明朝放下游！

1993 年夏

記老友紐西蘭邦基跳（二首）（註）

一、

老友不識花甲年，
凌虛御風學神仙。
志高不勒懸崖馬，
生死尼龍一線牽。

二、

愚勇勝昔，骨老彌堅。
邦基一躍學神仙。
一番驚險，幾塊洋錢。
幸得兩頭長繩牽。

1993 年冬

註：邦基跳，bungee jump。

元龍（註）耄矣！

誰說元龍老了？
我豈是不敢，
仰天長嘯？
怕是怕驚走了，
懷中天使的微笑。

姑且踱個方步，
唱個小調。
便是天塌了，
也自有女媧照料！

1995 年夏抱孫

註：元龍，東漢人陳登字，有豪氣。

欠　詩

老友討欠詩，
哀智海默時（註一）？
應思不來心（註二），
微波爐裡尋！

1997 年 1 月

註一：哀智海默，Alzheimer。詩既有積欠，則哀智海默之像
　　　已現乎！
註二：應思不來心，inspiration。應思而不來心，是無 inspiration
　　　也。積雪滿院，年關復近，微波爐裡，美食正多，但
　　　恐非覓 inspiration 之處也。老友討欠詩，恐怕年關前
　　　還不了債了。

髮

（閱廣告知植一髮美金伍圓，植髮執法，皆不易也。）

三仟煩惱絲，
一萬伍仟金。
勸君多珍惜，
怒時莫拔盡。

1997 年舊金山歸波城機上

今之不放翁偏效古之放翁 (註一)

死去原知萬事空，
但恨股票隨清風。
那年奈指 (註二) 創新標，
家祭毋忘告乃翁。

2001 年冬

註一：陸游《示兒》詩：「死去原知萬事空，但悲不見九州
　　　同。王師北定中原日，家祭毋忘告乃翁。」陸游，南
　　　宋人，號放翁。
註二：奈指，NASDAQ index。2000 年春奈指高達五千餘點。
　　　其後股市狂落，至 2001 年冬奈指已僅千餘點。

答老友認字書

龜（gui）玉龜（jun）裂龜（qiu）茲溪，
單（chan）于單（dan）戰單（shan）城西。
與其一字三呻吟，
何不掩卷伴老妻？

2005 年 2 月

感　　時

（十五首）

中夜有感 (註)

一覺鵬飛八千里，
半醒身在是非中。
豈無慧劍斷塵事？
難忘舊月照漢宮！
芸芸眾生交征利，
區區孤萍自隨風。
燭殘光微心猶在，
不把蠟淚對寒空。

註：1993 年冬自美國東岸飛抵台北南港，因時差不眠。

Lexington 家前院

連日冷雨催歲急，今夜秋虫盡寂寂。
風搖殘枝葉觳觫，雲掩淡月星明滅。

少有壯志遊四海，老無私心留鴻跡。
海外換季也易過，不勞歸雁傳消息。

1993 年秋

雲掩淡月星明滅

盧溝橋

長橋橫陳八百春，多少車痕多少塵。
屢見戰雲濃似血，常嘆人命賤如蓁。
漢將不忘守土責，敵騎夜叩宛平門。
永定嗚咽息已久（註一），又聞東瀛黷武人（註二）。

2013 年 7 月

註一：永定河乾涸已久。下圖攝於 2005 年，兩年後北京當局
　　　宣佈將重整水道，恢復往年「盧溝曉月」景觀。
註二：盧溝橋事變距今已七十又六年矣。去冬安倍晉三再次
　　　當選日本首相，銳意擴軍，引起鄰國關注。

問　月

幼時常問故園月，
我家圓時誰家缺？
月圓月缺數十冬，
衰翁獨掃門前雪。

1995 年冬於 Lexington, Massachusetts

紐約城九月十一日

煙濃焰紅人影亂，
百層高樓儘成灰。
淚眼望穿飛塵處，
三仟無辜再不歸！

2001 年

觀以阿爭執，印巴逞兵有感 (註)

紅塵鬧市血肉飛，
殘垣廢墟野鼠肥。
豈有神祇好殺戮，
偏無墨翟息是非！
高山冷月照鬥士，
長夜寒露濕砲衣。
有朝導彈沖天起，
國土何重民何微！

2002 年 6 月

註：以阿，以色列及其阿拉伯鄰國；印巴，印度與巴基斯坦。

戰　塵

阿境（註）硝烟猶未滅，
伊國（註）戰塵又飛揚。
殺伐豈是長久計，
祈神莫若互容強！

2003 年

註：阿境，Afghanistan；伊國，指 Iraq。

時　　事

問道於盲盲茫然，
問者不知彼亦盲。
世上紛爭為底事？
幾人盲從幾人狂！

2013 年 6 月

偶　　感

只緣未上分水嶺，
空怨江河盡東流。
自來人定能勝天（註），
何須龜蓍卜咎休？

註：《逸周書・文傳》：「人強勝天。」

2012 年秋於北京

枝　　上

春來枝頭鬧，春殘倍悽清。
心懷並蒂時，晝夜共陰晴。
睹君飄然去，能不思同行？
奈何時不利（註一），風急難為情（註二）！

註一：項籍：「時不利兮騅不逝。」
註二：李白：「相思相見知何日，此時此夜難為情。」

乙未年秋金木火三星會於天際而萬千生民離散人間（註一）

各有定軌各有方，難得三星共清光。
天道有序聚有時（註二），亂世流離路茫茫（註三）。

昨攜妻兒輕舟上，今唯孤身行大荒。
星若有情星當隱，忍教世人見戰芒（註四）？

2015 年 10 月於 Bellevue, Washington

註一：2015 年 10 月 27 日，曙光將露，天無片雲，得睹金木
　　　火三行星同現於東窗天際。 附照中最亮星體為金星
　　　(Venus)，其上方為木星(Jupiter)，左下方泛紅者為火星
　　　(Mars)。

註二：天道有序，今秋之後三星將於 2021 年 1 月再聚天際。

註三：今中東敘(Syria)、伊(Iraq)等地爭戰連年，萬千難民背
　　　鄉流離，舟車千里，多有死於途中者。

註四：火星古稱熒惑。《史記天官書》：熒惑為勃亂,殘賊、
　　　疾、喪、飢、兵。古羅馬人以 Mars 為戰神，Mars 現
　　　則兵刀起。

秋　　葉

雲稠天昏雨濛濛，黃葉隔窗對衰翁。
年來多承常看視，去時為君舞秋風。

2014 年 11 月

耶誕紅 (poinsettia)(註)

年前來君家，紅豔弄豐姿。
華容隨春去，綠葉滿青枝。
冬節今又近，長夜多憂思。
新紅進門日，恐是見棄時！

2015 年冬

註：耶誕紅為歐美耶誕年節期間常見之室內盆栽，其綠葉頂
層之苞葉 (bracts) 在冬季呈火紅色。耶誕紅苞葉於入秋
後須白晝明亮而長夜無光數週方轉紅色，以是一般家庭
多於冬節前自花圃購置苞葉已紅之盆栽，而於節後棄之。

心恙記

泰然玉壺內，物欲未嘗攻(註一)。
奈何方寸間，靈犀漸不通：
心房空運轉，心室不為動(註二)！
醫者催入院，置我太虛中。
鈦身起搏器，雙纜入玲瓏(註三)。
嗟余八旬人，今成鋰心翁(註四)！

2017 年 2 月

註一：宋范浚《心箴》：「一心之微，眾欲攻之。」
註二：西醫所謂「房室傳導阻滯症」（atrioventricular blocks）也。
註三：指起搏器（pacemaker）之雙纜分入右心房及右心室。
註四：鋰心，指起搏器內之鋰電池。

疫風襲美 （註一）

疫風遠地起，飄洋八千里。
當道失計較，星火竟燎原。

殊疾逾百萬，友朋徒惶急。
老弱十萬死，至親隔窗泣。

疾人賴良方，醫國待上醫 （註二）。
嗟乎逝者去，生者當自惜。

2020 年 6 月於華盛頓州 Bellevue 城

註一：2019 年冬，中國武漢首傳一新型冠狀病毒，其後病毒
　　　被名為新冠狀病毒或新冠病毒（novel coronavirus），
　　　學名 SARS-CoV-2，所引發之疾病則稱 Covid-19，漸次
　　　散佈全球。2020 年一月，美華盛頓州西雅圖市發現美
　　　國首例，至六月初，全美病者已逾二百萬，死者十一萬
　　　餘，以老弱居多，而疫勢益厲。

註二：《國語晉語》：”上醫醫國，其次疾人。”多國正積極研
　　　發疫苗及新藥，而美國十一月將大選，亦或另有新象。

惜　　年

（十五首）

飛 虻（註一）

飛虻飄然來，
徘徊在眼前。
手揮揮不去，
睜眼又復現。

昔讀髮蒼蒼（註二），
今知視虻虻。
歲月猶朝露，
去來本無方。

1996 年 9 月

註一：飛虻，指眼內漂浮物（eye floaters）。

註二：唐韓愈《祭十二郎文》：「吾年未四十，而視茫茫，
　　　髮蒼蒼，齒牙動搖。」

秋天的蟋蟀

孤蛩夜深猶操琴，
知音漸少冬漸近。
明歲衰草泛綠時，
一代新秀續舊音。

2000 年秋

答老友 "歸去" 詩

回首來路迷濛中。
展眼山谷斜照，老樹蒼松。
難得攀上無憂嶺，
此去再無山重重！

自度玉壺冰心，一片晴空 (註)。
天涯芳草，
行也又何必匆匆？

2005 年 9 月 26 日於機上

註：唐王昌齡《芙蓉樓送辛漸》：「一片冰心在玉壺」。

清水溪

清水溪，緩莫急，流離源頭無歸期。
朝見露凝芳草上，暮睹霧起白鷺居。
自古聚散難停息，穿湖入海何處依？

清水溪，緩莫急。光陰難留何汲汲？
晨披朝陽金縷衣，夜覆柔月珍珠褐。
日月交替流漸遠，難隨烏雲歸故里。

1997 年夏與高中同班諸友小聚西雅圖，寫於歸途機上。

金門橋（二首）

一、

長橋初建我初生，長橋廿五我新婚。
橋上浮雲橋下水，弗笑橋畔白髮人。

二、

也曾輕車過金門，也曾緩步伴伊人。
剎那多少快意事，流年流水橋自橫。

2006 年 2 月

澤　畔

一天湛藍襯碧水，蒹葭弄影邀卿憐。
勸君遠來多逗留，水中幻影夢裏煙。

2011 年 8 月於 Croatia Plitvice Lakes 國家公園

映山紅（註一）

欲尋春跡春已去，映山紅落蒲（註二）未開。
曉風拂葉霧早散，夜露唯餘溼青苔。
少時無視流光速，老來方驚日月徊。
山居何時無芳草，莫為惜春徒傷哀。

2013 年 5 月

註一：映山紅，即山杜鵑（rhododendron）。
註二：蒲，菖蒲。此處指唐菖蒲，亦稱劍蘭（gladiolus）。

月　夜

落日西去迴路中，月出林梢秋山東。
求珠浩瀚學海浪，尋夢迷離睡鄉風。
驚濤細雨皆是水，華年往事盡成空。
難得今夜月色好，東君太陰何匆匆！

2013 年 9 月

山居八載

來時對山林木槮，
爾今華屋漸成邨。
八載依舊唯浮雲，
一日千變到黃昏。

2013 年 11 月於 Bellevue

青絲成雪（註一）

秋來勘破染髮事，
青絲成雪忽忽間。
流光韶華留不住，
落葉飛絮心自閑（註二）。

2013 年 10 月

註一：李白：「高堂明鏡悲白髮，朝如青絲暮成雪。」
註二：李白：「問余何意棲碧山，笑而不答心自閑。」

風　怨（狂颸夜過）

丹楓昨猶炫艷紅，
今唯殘枝對空濛。
一地落葉悲別離，
飄搖顫晃舞秋風。

2013 年 11 月

秋　戀

清清溪上高枝枒，咫尺也如在天涯。
且待風寒葉落時，片片秋色到水家。

2013 年 8 月

草地上的露珠

昨宵凝珠今朝別，
曉風輕吹悵離闋（註）。
有緣來日當再聚，
為露為霜為冰雪。

2013 年 11 月

註：《悵離闋》，宋吳則禮送別詞。

枯　井

年年花開年年蜂，
年年蜂花盡不同（註）。
枯井偏惜深處泥，
鴻影曾映碧水中。

2015 年 8 月

註：盡不同，謂去春之蜂，冬前早殁，舊枝新紅，亦非去歲
　　之花。

念

（八首）

悼老友

華燈猶盛君先行，
金尊未空醉未盡。
嗚咽難成陽關調，
耳邊盡是童時音。

1991 年 7 月

讀天南地北詩

有昔年同事，九十高齡時念及少時佳友一別數十載，頗思一見。伊人由女陪同，千里赴會。兩老歡敘數日，賦詩七首，相約百齡再聚。噫！余讀其詩，而前輩忽已隔世，風範再難見矣！百歲之約，徒留佳話。感傷之餘，撫杯而吟：

　　月露東山已近曉，六十歲月如烟消。

　　塵世猶勝九天上，不賴烏鵲續藍橋。

2002 年

念　友

君子之交山澗水，偶得斂影添清輝。
蒼松不識道山路，猶自佇望故人來。

1994 年 8 月

清晨的憂思

霧退，
雲醉，
寒露猶戀清翠。
凝聚消散何須催？
多情總被無情累（註）！
秋風豈有意？
搖落一樹淚。

1991 年秋

註：宋蘇軾《蝶戀花》：「笑漸不聞聲漸悄，多情卻被無情惱。」

忘年酒友

撫杯每憶李伯母，
九十高齡猶滔滔。
歡聲無時背佳客，
鶴髮有緣伴慈姥。
當爐常有菜十道，
臨案偶得紙一刀。
忘年酒友三十載，
未聞一語損他曹。

1999 年 9 月 9 日

隨妻奔伊妹喪，雪阻芝城 _(註) 而返

欲飛加南送妹行，
朔風寒雪偏無情。
也曾東迴探姐否？
雪滿庭院無蹤影。

2000 年初

註：芝城，Chicago。

懷　友

君去已經年，
君名繞日行（註）。
猶憶君昔日，
笑談論古今。
君病再不語！
雙瞳深仟尋。
道別君知否？
懷友我獨吟。
感時憂國時，
何處覓君音？

2005 年 11 月

註：一小行星以友名。

葬　鳥

昨晨背窗閑坐，忽呼然有聲，回首視之，則飛雀撞窗折
頸，殞於地。因葬之屋西，復循妻囑，爲詩記之：

琉璃反照原是幻，
汝何不察入幽途？
憐汝春早身已逝，
願汝巢中無遺雛。

生死真幻本如夢，
高翔焉知頃刻殂？
葬汝屋西花樹下，
春來春去應不孤。

2014 年 3 月

116　流年流水橋自橫

旅　　途

（廿五首）

倩　女（二首）

一、

愛琴海上羅茲島（註），
綠水白沙碧藍天。
柳腰倩女迎面來，
艷陽遮胸髮遮肩。

二、

倩女臨古井，
淺笑伴浮雲。
那堪泛微波，
弄皺伊人影？

1989 年 8 月

註：羅茲島，Rhodes Island。

Whistler 至 Vancouver 道上

群山難捨往歲雪，
千樹齊披嫁衣裳。
迴路忽忽數十里，
遙見春落新枝上。

1999 年 3 月

Albuquerque 至 Santa Fe 道上

濃雲接地日照紅，
黃沙蓬草隨勁風。
學海浮沉明朝事，
今夜伴月遊太空。

2002 年元宵

遊秦始皇陵

五十功名萬年夢，
沃野十室九室空。
六軍地下猶佇立，
霸王已燒阿房宮。

1999 年

遊桂林

青山自來無所求，
塔起塔倒幾多秋。
百代過客沿階上，
悠悠漓江默默流。

2001 年

松茂道上沿岷江而下

源自雪山頭，
涓滴漸成流。
青天映碧水，
白濤過石洲。
空谷無羌笛，
青稞伴牦牛。
奔波何所為？
大江在下游。

2003 年 10 月

初登黃山

名山猶美女，
不耐露華容。
雲幔雨簾外，
惟見迎客松。

2003 年 10 月

北京九月

客舍獨對窗外柳，
千絲萬緒舞不休。
飛絮本是早春事，
秋風何必挑閒愁。

2005 年秋

遊挪威 Fjord（二首）

一、

五更倚欄薄霧中，時光倒流追清風。
宇宙洪荒星萬點，冰斧神工山千重。
水依峰轉浪碎月，波從船起鳥驚空。
今生有幸遊此境，不羨太原武陵翁。

二、

月落星猶在，
無風雲自裁。
老來遊四海，
不知身已衰。

2004 年 8 月

Cruising in the Norwegian fjords

The moon has set
The stars are shining still
Windless,
The clouds their own shapes fill
In the seven seas the wanderers sail
Unaware of, that their bodies are now frail

2004 年 8 月

波從船起鳥驚空

老來遊四海
不知身已衰

落磯山東行道上 (註)

雲低山高不見峰，
單車孤客伴寒空。
路遙也知終站近，
一天彩霞在鏡中。

1990 年 3 月

註：落磯山（Rocky Mountains），北美西部主要山脉。

雲南大理崇聖寺石塔

塔起一千二百年，
月常顧影水常憐。
空有佛骨渡眾生，
難得緣人到門前！

2004 年夏

遊雲南長江第一灣，雪峰難見爲憾

金沙江水到此迴，
黯然東去再不歸。
遊子也如此江水，
難待玉龍展清輝。

2004 年夏

金沙江水到此迴
黯然東去再不歸

雁蕩山間（註）

雨迷雁蕩小龍湫，
南望重山疊舊愁。
回思兒時淪落處，
鰲江依然向東流。

2006 年春

註：中日戰末曾與祖父，姑，姐及表兄姐流落浙南順溪鎮。
　　流年如水，余姐見背亦已六十年矣！兒時落難處，恐惟
　　鰲江東流依然。

南望重山疊舊愁

長　　城

昔人常憐長城卒，
持戈北眺思南歸。
城高難阻敵騎塵，
歸心白骨留邊陲。

而今城上皆遊客，
爭相留影立城陔。
夕照漸斜人漸少，
回看山巒浴暮靄。

2010 年 9 月於北京

莫翁苑 (註)

小橋畫裏常相見，
橋邊綠意橋下蓮。
若問舊日畫畫人，
垂柳已俟八十年。

2007 年 6 月

註：莫翁苑，Claude Monet 在 Giverny 的花園。

Bryce Canyon 石林曦照

水鑿風雕千萬載，
金閣紅樓白玉壇。
欲待月夜再登臨，
又恐高處不勝寒（註）。

2007 年 10 月

註：蘇軾《水調歌頭》：「我欲乘風歸去，又恐瓊樓玉宇，
　　高處不勝寒。」

龐貝古城

地搖山崩一瞬間，
殘垣廢墟兩千年。
萬千生靈一朝去，
天藍雲白草芊芊。

2008 年 11 月

魔　湖（註一）

山溪攜來冰川塵（註二），
清風淡掃翠玉皴。
青山碧水勤留客，
難煞湖畔過路人。

2010 年 8 月

註一：魔湖，Diablo Lake.位於西雅圖東北百二十里；Diablo，
　　　西班牙文 devil 之意。
註二：冰川塵，glacial flour。

過土耳其 Kayaköy 廢墟（註）

清曉過荒城，
寂寂杳無聲。
殘垣斷壁外，
何年息紛爭？

2012 年 10 月

註：九十年前希土戰事告終，雙方同意遷出希臘境內之土耳
　　其回教居民及土耳其境內之希臘正教居民。時 Kayaköy
　　居民多為操希語之希臘正教徒，遂遷移一空。卅餘年後
　　該區又逢地震，房倒牆塌，益增淒清。

Uchisar 拂曉 (註一)

夜燈猶未熄，
曙光籠山城。
忽聞曉寒裏，
明塔喚拜聲 (註二)。

2012 年 10 月

註一：Uchisar，土耳其 Göreme 附近小鎮，居民多有鑿巨岩
　　　為屋者。
註二：明塔，minaret（照片中之尖頂高塔，阿拉伯原文
　　　lighthouse 之義）。回教區域每日清晨至夜自明塔「喚
　　　拜」五次，召喚信徒按時祈拜。

三　訪 Crater Lake（註）

峰頂早隨溶岩去，
留得深潭三百尋。
滿山蒼翠滿山樹，
半湖湛藍半湖雲。
波光堪比神女瞳，
雲影宛若美人裙。
往日故客猶記否？
水寒無語風不吟。

2016 年 8 月

註：七千七百年前 Oregon 州南部之 Mazama 火山大爆發，山
　　巔崩陷。火山口冷卻後積水成一直徑約六哩之高山湖
　　Crater Lake。

沙灘上的城堡

長灘寂寂落照紅，
沙壘孤峙對遠空。
城起想是過午事，
歡聲笑語逐輕風。

也知後浪催前浪，
人去流沙隨夜潮。
非是浪花無情意，
洗盡陳跡待明朝。

2016 年 8 月於 Bandon, Oregon

自華盛頓州東遊

——追憶遠古冰川湖決岸 (註)

冰岸一朝去，寒水傾湖流。
怒浪起平野，狂濤夷山丘。
礧捲百里地，谷剺十尋溝。
不日洪流盡，萬載雲悠悠。

2015 年 9 月

註：一萬數千年前，位於今 Montana 州西部、水深數千尺之
　　Missoula 冰川湖決岸，洪水澎湃，奔流數日，形成 Idaho
　　州北及華盛頓州東之特殊地貌。

子　衿

（九首）

黃黃其牛（四首）

驚　艷

黃黃其牛，秀髮如流。
不如開溜，與子偕遊。

好　逑

黃黃其牛，秋波含羞。
茜潮紅霞，君子好逑（註一）。

思　意

黃黃其牛，我心悠悠。
一日不見，如隔三秋（註二）。

卅年後

黃黃其牛，欲語還休。
意猶如昨，夫復何求？

1988 年冬

註一：《詩經》關雎篇：「關關雎鳩，在河之洲。窈窕淑女，
　　　君子好逑。」
註二：《詩經》采葛篇：「一日不見，如三秋兮。」

念

忙時忽上心頭，閑時徘徊不走。
清音笑語縱難求，且也得倩影逗留。
千枝萬葉齊報秋，
一葉獨對，思意難休。
又何須關關雎鳩，挑起那，許多愁？

逸　年

湖

卿若一湖水，我猶天外石。
石落湖心中，漣漪慶相知。
秋寒月明夜，春暖雁歸時。
默默千仞水，十年猶一日。

1971 年冬

小　聚

關山徒增一日思，
爐火霞頰鍍胭脂。
艷陽笑問門前雪，
伊人今朝出何遲？

逸年

八四贈妻

漸行漸遠人漸少。
驀然回顧，
往事錯燦。
猶見燈火半暗，
明眸長髮青衫，
默默含粲。

六十載歲月如幻，
難得一路相伴。
世事浮華，
人生憂坎。
二女離家久矣，
日日對坐，
白髮如霜互看。

2019 年 10 月

擬一首最古老的詩

我，
卿。
星星，
妳的眼睛；
海，
我的情。

Imagining a most ancient poem

Me，
Thee.
Stars，
Thine eyes.
Sea，
My feeling for thee.

2005 年冬

150　流年流水橋自橫